새에게 소다수 하늘을

시인의일요일시집 038

새에게 소다수 하늘을

초판 1쇄 펴냄 2025년 9월 15일

지 은 이 황은주
펴 낸 이 김경희
펴 낸 곳 시인의일요일

표지·본문디자인 이율디자인
경영지원 양정열

출판등록 제2021-000085호
주   소 경기도 용인시 기흥구 연원로42번길 2
전   화 031-890-2004
팩   스 031-890-2005
전자우편 sundaypoet@naver.com
블 로 그 https://blog.naver.com/sundaypoet

ISBN 979-11-92732-31-2(03810)

값 12,000원

새에게 소다수 하늘을

황은주 시집

| 시인의 말 |

할머니는 내게 물었죠
저 하늘이 그리우냐
그리고 할머니가 내게 소다수를 부어 주었어요
소다수처럼 푸른 하늘을

차 례

1부 소다가 빠진 새들에겐 하늘이 없다

구속 ……… 12
노을 ……… 13
이삭 ……… 14
잠자 씨에게 ……… 15
배경은 말이죠 ……… 16
밤의 대화 ……… 18
마술 또는 미술 ……… 20
꽃밭에 불을 지르다 ……… 22
목요일에 울었다 ……… 23
터널 ……… 24
에메랄드그린 아래서 바둑을 두는 두 신선의 바둑판보다 더 짙은 나무 이야기 ……… 26
모빌 ……… 28
설리 1 ……… 30

2부 믿어요 나는 창조주입니다

키위와 금붕어 ……… 32
극장전 ……… 34
오, 발랄한 적군 ……… 35
양탄자 ……… 36
옥수수밭 ……… 38
아메리카노 ……… 40
불투명한 상속 ……… 42
달콤한 일 ……… 44
오래된 잠 1 ……… 46
오래된 잠 2 ……… 48
오래된 잠 3 ……… 50
창세기 ……… 52
페이스 ……… 54
무료한 큐브 ……… 56
춤추는 미아 ……… 58
장마 2 ……… 60
엔딩 크레딧 ……… 61
설리 2 ……… 68

3부 폭풍처럼 완전한 대사는 없다

대지 ……… 70
사막은 늘어난다 ……… 71
초지역 草地驛 ……… 72
여우야여우야여우야 ……… 73
형광 ……… 74
영웅 ……… 76
부기맨 ……… 77
살구살구살구 ……… 78
자메이카 ……… 79
날개 ……… 80
에메랄드 ……… 82
헤이데이 ……… 84
반복적 희극 ……… 85
그때 그림자는 나팔수였을까 ……… 86
피리 ……… 88
틱 ……… 90
장마 1 ……… 91
폭풍 ……… 94
설리 3 ……… 96

해설 ········ 97

소다수 하늘의 자유를 위하여 | 김주원(문학평론가)

1부 소다가 빠진 새들에겐 하늘이 없다

구속

바람은 아직은 바람으로 불 때가 아니라며 완벽하게 바람을 가두었다

바람은 아직은 바람을 가둘 때가 아니라며 바람으로 불었다

나는 그날 바람을
처음 만났다

나의 영혼이 가장 가벼운 그날에

여왕과 뱀처럼
오렌지와 비누 사이처럼

우리는 서로의 몸을 씻겨주었다
나는 오렌지에 비누에 바람을 가두었다

아직은 바람을 가둘 때가 아니라며 바람은 울었다

노을

　살구였다 벌레도 아니었고 벌레를 닮은 것도 아니었다 단추를 닮은 것도 같았다 누군가의 외투에서 떨어진 단추 죽은 아버지의 외투인 것 같기도 하고 너의 외투인 것 같기도 하고 내 외투인 것 같기도 했다 단추는 징그러웠고 *살구가 있어 살구에게 가자 제발* 너에게 애원했지만 살구가 떨어져 텅 빈 살구나무가 되기 전에 살구에게 가지 못했다 어느 날 살구 몇 개를 놓고 사라진 너, 침대에 누우면 살구를 중얼거렸고 살구살구살구 중얼거릴수록 침대 속에서 도르르르 구르는 소리가 들렸다 살구도 아니고 살구를 닮은 것도 아니지만 툭, 기어 오는 *저 살구를 활활 태워버리자* 불을 지폈고 타들어 가는 밤하늘이었다 아버지도 아니었고 너를 닮은 것도 아니었고 미치도록 타는 살구였다 미치도록 타들어 가는 단추였다 단추로 채우는 저녁이었다

이삭

　　소다가 빠져버린 새들에겐 하늘이 없어요 처음부터 그랬어요 처음부터 콜라 색깔 하늘이었고 처음부터 전선이었고 처음부터 발가락이었어요 나는 여섯 개의 발가락으로 전선을 움켜쥐고 지상을 내려다보는 존재였어요 하늘은 가까웠고 하늘은 언제나 콜라 색깔 가끔 비가 내려서 물이 빠져도 싱겁지 않아요 콜라를 부어 줘요 그렇게 전선 위에서 발가락으로만 살다가 아스팔트 길에 발가락 여섯 개로 나란히나란히 앉은 겁니다 때마침 나보다 느린 바퀴들이 지나간 겁니다 그때 하늘이 아주 먼 곳에 있다는 것을 알았고 전선조차 높은 곳에 있다는 걸 알았죠 발가락은발가락은 곪으며 이삭처럼 자랄 겁니다 이삭처럼 줍고 이삭처럼 배부를 겁니다 그리고 그런 일이 생겼죠 할머니가 이삭처럼 나를 주웠죠 친구들은 애타게 울었죠 하늘에서 사라진 새 한 마리 전선에서 떨어진 새 한 마리 전선을 올려다보는 새 한 마리 할머니는 내게 물었죠 저 하늘이 그리우냐 그리고 할머니가 내게 소다수를 부어 주었어요 소다수처럼 푸른 하늘을

잠자 씨에게

잠자 씨, 잠을 자러 가자는 것입니다 분명한 상상 너머로 불분명한 몽상을 갖지 않을 것입니다 불면은 열정이었다고 말하며 무거운 머리칼을 흔들며 마른 미소로 뒤돌아서며 안녕, 이런 잠자 씨의 결론처럼 열정 너머에 한 줌 회한은 없을 겁니다 잠자 씨의 잠처럼 잠을 자러 갈 것입니다 완전히 눈을 감고 귀를 막은

잠자 씨, 태어나고 아직 뜨지 않은 눈으로 처음 그림자와 마주친 나는 무서웠습니다 그림자를 밟으면 검은 눈물로 울고 검은 마음으로 영원히 낮을 쫓아다닐 것 같았습니다 그림자와 닮은 밤이었습니다 잠들지 않고 달라붙어 달아나던 날들이었습니다 잠들지 못한 날들입니다 잠을 자러 가자는 것입니다 잠 너머 소멸은 사납지 않을 것입니다 기이하지만 열정 너머를 꿈꿉니다 꿈꾸겠습니다 잠자 씨, 나는 잠들겠습니다

배경은 말이죠

햇감자를 삶았어요 우리의 첫 식탁이었죠 탐스럽게 익은 햇감자를 베어 물면요 와아아아 이런 소리를 냈죠

자동차를 타고 셋은 떠났는데요 라디오에서 노래가 흘러나왔죠 우리는 따라 불렀죠

배경은 말이죠, 서로 만난 적 없었던 셋이었고요

천국으로 간 둘이 있었고 혼자 걸어 다니는 오리가 있었고 그 길의 대장인데 말이죠 골목을 벗어나자 구름까지 닿은 들녘이었어요 감자밭인지는 모르겠는데요 햇감자 같은 흥분이었죠

달콤하고 보드라웠죠 흰 꽃이 뜨거웠죠 감자에 뿌릴

소금을 사고 감자를 사고 감자를 샀어요 어쩌면 가장 무서운 바람이 오늘 밤 지나갈 거라네요 귀앓이처럼 커튼이 흔들려요 오랜 귓병으로 집이 어두워져요

배경은 말이죠, 식탁에 쌓인 햇감자들

우리의 첫 집이었죠

감자를 베어 물면요 미안해 미안해 이런 소리를 냈죠 오랜 귓병으로 커튼만 흔들렸죠

밤의 대화

나와 당신의 심장이 딸을 품고 저녁을 기다린 적 있었습니다

그때 당신의 심장은 어땠나요
저녁의 허기 같았나요

나는 내 심장을 굽고 있었어요 빵처럼요

하지만 구워도 구워도 따뜻해질 수 없는 빵이란 어떤 것인지 더 이상 식지 않도록 빵을 끌어안는 심정으로

심장을 지켜야만 했습니다 연어는 그래서 웅덩이에 갇힌 제 알을 씹었습니다 늑대는 그래서 우리에 갇힌 제 새끼를 물어뜯었고 나는 빵을 물어뜯었습니다

빵을 뜯으니 우박이 몰려와요
나는 그 우박까지 먹었습니다

당신에게도 주었습니다만 우리가 먹은 추위와 심장의 간격은 좁혀지지 않았습니다

마지막 식사로 깨진 접시를 끓이겠습니다

접시를 보면 연어가 먹고 싶어져요
연어의 살
연어의 심장

그 밤 마지막 대화로 밤이 너무 붉다고 얘기했습니다

마술 또는 미술

관객의 관점

마술사가 무대에서 신문을 읽는다 그가 신문을 읽자 기사들이 차례로 삭제된다 마술사가 접은 신문에 물을 붓는다 주르륵 삭제된 기사 속으로 물이 흐르고 기사가 다시 생성된다 신문을 펴 물기 없는 기사를 읽는 마술사 아주 가벼운 마술이라며 박수는 치지 말라고 외친다 마술사가 이번엔 붉은 풍선을 분다 풍선이 커진다 커다란 풍선 속에 머리를 집어넣는다 마술사의 머리가 사라진다 마술사는 뛰어오른다 경중경중 떠다니는 머리, 머리 없는 머리, 붉은 머리

마술사의 관점

숨차다 숨이 문제다 지난밤 내내 숨이 문제였다 풍선을 달고 사는 문제였고 풍선을 부는 문제였고 풍선 속에서 나오지 못하는 문제였다 풍선 속으로 빨려 들어간 머리는 축제의 종말처럼 잠잠하다 풍선과 함께 떠 오르며 사람들의 머리를 내려다보고 있다 풍선으로 떨어진다

관객의 관점

 문득 나타난 마술사의 머리, 아주 가벼운 마술이라며 그러므로 박수는 치지 말라고 외친다 젖은 손을 주머니에 감추는 마술사 숨을 참던 사람들이 헉! 숨을 쉬고 박수는 없고 마술사가 신문을 꺼내 펼친다 신문에 사진이 인쇄되고 있다 마술사가 무대에서 관객들과 함께 사라지는

꽃밭에 불을 지르다

처음으로 소녀를 맞는다 병실에 소녀가 들어온다 발목에 꽃 문신을 한 소녀 나에게는 첫 꽃이다 소녀는 침묵한다 소녀의 엄마가 운다 소녀의 아빠가 운다 소녀의 친구의 고모가 병실에 온다 소녀와 소녀의 친구들은 불을 질렀고 밖으로 잠긴 기숙사 문은 열리지 않았다 소녀의 친구에게는 엄마가 없었고 아빠가 없었다 소녀의 친구의 고모가 소녀의 친구의 장기를 기증한다고 한다 소녀가 운다 소녀가 흐느껴 운다 내가 내 발목에서 꽃을 따 소녀에게 준다 소녀에게는 첫 번째 꽃이고 첫 번째 죽은 사람이다 첫 번째 죽은 사람들이다 소녀가 꽃에 불을 지른다 불이 내 발목을 타고 올라온다 소녀가 꽃밭에 불을 지른다 그렇게 나는 처음으로 소녀를 맞는다

목요일에 울었다

 복권을 긁던 여관방에서 어릴 적 친구의 발가벗은 엉덩이를 밤새 긁어댔다 옆방 목소리가 없던 할머니는 목요일에 울었다 상스런 밤하늘이고는 했다 날개 찢긴 잠자리의 비행만큼이나 가려운 별들이 낯설었다 도시로 가는 버스 옆자리에선 늘 군복이 상추처럼 자랐는데 자르고 뜯어도 물속에서의 자맥질보다 빠르게 웃자랐다 열대야를 피해 아이들은 엄마의 뱃속에 숨어 파르르 떨었고 잠시, 빙하가 창궐한 칠만 년과 목요일이 흘렀다 축복을 믿는 구름들이 세상을 뒤덮었고 이제 일곱 새벽을 건너 빛은 돌아올 것이다 수요일에 목요일의 울음을 준비했다

터널

강을 지나 터널 속으로 들어갈 때

온몸에 빛이 몰아쳤다
눈을 감았다

눈을 감았는데 눈앞이 환했다
흙에 묻어준 개는 아주 작아졌겠지 가만히 흙을 밟으며 말했다

너처럼 이 개의 영혼이 부드러워져도 괜찮아

그리고 지금은 난간 위에서
나른해지는 것이다
눈을 감는 것이다
젊은 패배자는 이제 두 발이 가벼워지는 것이다

빛이여, 아버지여, 첫 번째 아들이 마지막 아들보다 더 행복했을까요 마지막 죽음이 첫 번째 믿음보다 불경한 것일

까요

  개를 묻고 돌아와
  이런 질문을 한다는 것

  작아지는 것이다 부드러워지는 것이다 벼락이 치는 봄날에

  비처럼
  자비처럼

  저 강물로 돌진하는 것이다

  그리고 터널을 빠져나왔을 때 눈앞이 환해지는 것이다

에메랄드그린 아래서 바둑을 두는 두 신선의 바둑판보다 더 짙은 나무 이야기

이 이야기는 다음과 같은 문장에서 시작한다

에메랄드그린 아래서 바둑을 두는 두 신선의 바둑판보다 더 짙은 나무 이야기

그러자 짙은 나무가 생겼다
짙은 나무에 가려 도시가 어두워졌고
짙은 나무에 가려 도시에 비가 내리지 않았고
짙은 나무에 가려 두 노인이 사라졌다
그리고 어느 날의

피아노

그 피아노 이야기는 또 다음과 같은 문장에서 시작한다

좋은 나무를 찾던 목수는 세상을 떠돌다 흰 꽃이 핀 검은 나무숲에서 피아노를 만들었다

그러자 피아노가 생겼다
피아노를 치면 흰 꽃과 검은 숲이 생겼다
숲이 너무 환하거나 숲이 너무 검어서 피아노를 칠 수 없었던
목수는 피아노를 남기고 떠났고
목수가 남긴 마지막 문장이 모든 숲을 흘러

나무에게 왔다

에메랄드그린 아래서 죽은 나의 문장이여 나무여

모빌

자몽 하나 모빌로 달았지 애인의 부인이 보낸 자몽을 베어 문다

입안에서 붉은 돛이 펼쳐진다 붉은 즙이

사납게 돛을 펼쳐서
사납게 바람이 불고

나의 책 읽는 소리와 애인의 부인의 기도가 사납게 부딪힌다 빛이 번쩍인다 나무 밑 텐트에 숨어 빛이 지나가기를 기다렸다 자몽을 매달아 만든 모빌을 쳐다보며

애인은 지구 어디쯤 항해하고 있을 것이다 폭풍우가 치고 천둥이 치고 계시가 있을 것이다

모빌의 꼬인 줄을 풀면

자몽이었다가

지구였다가

줄이 다시 뒤엉키면

애인이었다가
애인의 부인이었다가

애인의 세계사가 밤새 무너져 내리는 밤이 있을 것이다

자몽을 베어 물다 붉은 돛을 펼치고 항해를 시작하는 애인의 부인이 있을 것이다

설리 1

　무창포 미술관 뒤에는 작고 낡은 수영장이 있다 수영장의 색바랜 기둥을 헤엄치듯 올려다보면 푸른 천장에 닿는다 몇 마리 그림 물고기가 헤엄을 친다 해진 지느러미와 닳아가는 시선들, 바다 쪽으로 지느러미를 접은 열대어는 눈동자가 지워져 텅 비었다 물풀 냄새를 벗어나 무역풍에 매달려 헤엄치던 그때는 불꽃 같은 순간이었으리라 격정으로 몸을 떨며 끝없이 날아가는 공중은 얼마나 황홀한가 낯선 흙냄새는 얼마나 아찔한가 대항해의 시대는 꿈보다 짧았다 밀물의 바다는 가깝고 아직 돌아가지 못한 열대어의 고향은 바다보다 멀고 먼 곳이리라 빛에 바래 눈동자가 소멸하는 여름보다 하얗고 눈멀고 땅에 머문 이유를 깨닫는 겨울보다 하얗고 눈멀고

2부 | 믿어요 나는 창조주입니다

키위와 금붕어

집으로 갈게
밤새워 곰곰 생각해 볼게

그래서

숲으로 갈게
자전거를 탈게
내리막길을 달릴게

그래서

이사를 갈게
빼곡한 마을을 찾을게
낮과 낮 사이 모두
새 주소를 그릴게

불행해서

시장에 갈게 금붕어와 키위를 사 올게

활짝 핀 꼬리와 씨앗을
만져 볼게

키위를 어항에 넣고
금붕어를 후숙할게

파랗게 익은 금붕어와
물에 뜬 키위를 들고

집으로 갈게

극장전

삼류극장이었습니다. 아가씨는 아니었어요. 아가씨란 영화는 본 적 없어요. 미인도 아니고요. 그 어떤 영화도 본 적 없죠. 우리가 본 것은 철길이었어요. 철길 옆에 있는 극장이 있는지도 모르겠지만 철길 저쪽에서 아가씨가 등장하긴 했어요. 철쭉은 몰라요. 철길 옆에 철쭉이 있었을 테지요. 영화가 시작되고, 아니 철길이 시작되고 아가씨가 등장해요. 철쭉 옆에서, 아니 철길 옆에서 여자는 등장하고 그 여자는 피아노를 보고 놀라고 오, 다시 기억되고 지독하고. 아니요, 아가씨를 보고 말았습니다. 아가씨와 우리와 철길이 있었고 피아노 소리가 들려요. 피아노를 치는 아가씨. 거울을 보는 아가씨. 철길을 걷다가 극장으로 불쑥 사라지는 아가씨. 나는 문득 삼류극장을 기억하고 말았는데요. 의자가 없는 무대가 없는 아가씨가 없는 철길이 없는 세계가 없는 아무런 세계가 없는 철쭉만 피었는데요. 오, 다시 기억되고 지독하고.

오, 발랄한 적군

안녕! 내 이름은 체크 포인트 찰리. 베를린 장벽 검문소지. 인사는 남쪽에서 북쪽으로 부탁해. 아니 서쪽에서 남쪽으로! 잠을 잘 시간인데 내어 줄 진지한 바지가 없네. 여기선 잠옷을 병사들이 입어. 병사들을 위해 잠옷을 징발해 가는 바람에 잠옷을 입기 위해 병사가 되기도 하지. 체크무늬 잠옷? 쉿, 사실은 잠옷 한 벌을 숨겨 놓았어. 첫눈 오던 날 막사로 숨어 들어와 깔깔거리며 밤을 보낸 여자가 내 잠옷을 훔쳐 갔거든. 우리는 할 이야기가 많았지. 초승달이 뜰 때마다 만나기로 했지. 키스라면 혀가 긴 형제들이 유리해. 베를린 형제라고 부르지. 혀를 길게 늘어뜨리고는 철망을 넘거나 돌담을 뚫거나. 초소에서 별을 보며 골똘히 혀만 생각하는 병사들을 상상해 봐. 철책에서 총부리를 겨눈 채 몇만 년의 밤을 새우고도 막사로 돌아와 체크무늬 잠옷을 갈아입고 잠든 병사들을 생각해 봐. 체크무늬처럼. 꿈에 서로의 손을 마주 잡는 병사들을. 오! 발랄한 적군. 나른한 혀를 굴려 아침 인사를 하지. 안녕, 밤새 안녕하셨나?

양탄자

한낮에 바닷가에서 잠들면 들려요 양탄자를 사세요 애인을 위해 양탄자를 사세요

애인의 몸을 덮어 주세요 그게 사랑이에요

지중해에서는 뜨거운 해가 애인을 훔쳐 갈까 봐 양탄자로 꼭꼭 감싸안아 모래밭에 눕힙니다

태초에 은혜는 땅과 바다와 하늘로 흘러갔습니다

들리나요 모래에서 애인이 생기고
모래에서 후손이 생기고
모래가 하얗게 부서지며 파도가 되는 소리, 파도가 하얗게 램프의 불 밝히는 소리. 불에서 불꽃이 날아올라 살랑살랑

살랑거리는
소리, 소리 들이 모여서

부드러운 파도가 되고

파도가 짜여서 양탄자가 되고

파도로 덮으세요 파도 아래 애인을 숨기세요 그게 사랑이에요

옥수수밭

옥수수 밭이다
옥수수가 쌓인다
엄마가 옥수수를 안고 아이에게 간다
옥수수 밭이다
옥수수가 쌓인다
아이가 옥수수를 안고 엄마에게 간다 옥수수가 엄마에게
가까워진다
옥수수 옥수수 엄마는 아이를 부르고
옥수수 옥수수는 엄마를 쳐다보지 않는다
옥수수 옥수수 옥수수가 낯익은 내 귀에
옥수수알이 쌓인다
옥수수알 굴러들어 오는 소리
나는 아이를 부르고
아이는 옥수수를 부르고
옥수수가 귀를 막는다
옥수수만 먹고 옥수수 알만 세고
옥수수만 생각하는 내 눈에
옥수수알이 쌓인다

옥수수
옥수수
옥수수알이 쌓인다

아메리카노

아메리카노는 아직 등장하지 않았어요 네 아버지는 미국에 있단다, 이 고백은 가난한 지붕을 휘감는 야릇한 거짓말이었죠

가장 야릇한 건 담배자판기였어요 동전이 설산만큼 쌓이는 자판기라네요 강을 지나 도시로 떠났고 자판기를 샀어요 누르면 꾹 동전 한 개 들어가고 누르면 꼭 소원 한 개 나온다는 담배자판기를 독서실 계단 꼭대기에 모셨어요

계단에 앉아 담배를 피웠어요 간절히 계단을 숭배하는 것

태풍에 독서실 지붕이 날아간 날 누르면 꾹 동전이 사라졌고 누르면 꼭 눈물이 쌓였어요 나는 자판기 버튼을 눌렀어요 누르면 꾹 담배 연기가 알을 낳고 담배 연기가 구름을 낳고 아메리카로 아메리카로

지하철역마다 아메리카노가 등장했어요 순환선의 역과 역을 점령하면 아메리카도 갈 수 있겠지요 아버지도 만날

수 있겠지요 돌고 돌아 독서실 지붕이 돌아올 거예요 누르면 꾹

아버지가 돌아오고, 꾹

아메리카노는 아직 마셔보지 못했어요

불투명한 상속

색을 모르는 사물을

그 애는 배낭 속에 넣고 다녔다

가끔은 무게를 추측하면서
가끔은 색을 기념하면서

색을 모르는 사물이 든 배낭을 메고 그 애는 다섯 번의

이사를 했다
사진을 찍었다

색을 모르는 사물이 있고
의자에 앉는다
비가 멎고
한 줄기 빛이 내리쬔다

그 애에게서 배낭을 받았다

색을 모르는 사물이 든 배낭을 메고 다리를 건넜다

차오른 강물의 무게를 재며
난간을 스친 손끝의 감각을 새기며

색을 모르는 사물이 든 배낭을 끌어안고 달력을 넘겼다

색을 모르는 사물이 있고
의자에 앉는다
한 줄기 빛이 사라지고
비가 내린다

형체를 모르는 사물 위로

달콤한 일

자정 무렵 노동이 끝났다

집으로 가는 언덕길

빵을 사고 빵을 먹으며 빵처럼 생각한다

눈물은 불결해 막막하게 헤매 빵은 순결해 목을 틀어막아야 해

바다는 멀고 씹히는 건포도는 고갱의 타히티에서 자란 것 고갱에겐 뜨거운 애인이 있고

나에겐 빵이 있지 달콤한 일

심장이 까맣게 터져버리기 전에 일용할 양식인 내 빵이 다 사라지기 전에 우울해지기 전에

밀밭이 끝나기를 포도나무가 끝나기를

그네 밑에 떨어뜨린 빵부스러기가 새의 눈이 되어 저녁의
종교가 되어

회의론자가 되기 전에 염세주의자가 되기 전에

허기가 끝나기를

끝이기를

오래된 잠 1

집을 구하려고 기차를 탄다

무릎에는 소설책이 있다
이반 데니소비치의 수용소의 하루
나의 하루는 둘 중 하나
유배지거나 은둔이거나

불분명하다

아무도 없는 배웅처럼
내게 있는 것

작은 방일 것이다

"가장 먼 하늘이 보였으면 해"
해바라기가 진 뒤에는 기차를 타지 않으려고 했다

목적지는 눈 내리는 마을

어디에선가 폭설에 갇힌 집에 살았었는데
동상에 걸린 손가락을 들어 눈 속에 가장 멀고 먼 별자리를 그리고는 했었다
그곳엔 시장이 없고 이정표가 없다
작은 방에서 일어나면 아주 오래된 하루를 보낸 것 같았다

이반 데니소비치는 어땠을까
의외로 주인공 이반 데니소비치의 하루는 괜찮았단다

아득히 구부러진 기찻길
얼핏, 창을 향해 손 흔드는 아이가
있었으면 싶다

손을 흔들어주고 싶다
그런 후에는 작은 방에서 오래오래 자고

일어나면 다시 손 흔드는 아이가 있었으면 싶다

오래된 잠 2

살구나무가 지루하다
이사를 가야겠다
집을 나와 바닷가를 걸어 공장에 가고
바닷가를 걸어 집으로 돌아오면
하루가 심심하지 않을 것이다
지나가는 기차가 너무 오래 지나간다
이사를 가야겠다
기차를 탄다
첫 번째 역을 지나가고 두 번째 역을 지나가고
일요일이다
일요일은
건조하고 칙칙하다
모래에 앉는다
다가오는 물소리
잔뜩 흐린 자정엔 흐린 어둠뿐이다
좁고 천장이 낮은 모텔 방에 들어서니
몸이 자꾸 오그라든다
살구나무 상자 안에 홀로 웅크린 저녁이라면

심심하지 않을 것이다
다시 이사를 간다
새벽 기차를 타러 간다
멀어지는 물소리
비릿한 공기와 버려진 슬리퍼
지겹도록 사무치던 날들을 지나
나는 왜 이렇게 겨울나무들 사이를 걷고 있는지
여전히 이해할 수 없지만
이사를 간다 다시
살구나무가 있는 집으로

오래된 잠 3

달걀을 생각한다 달걀로 하루를 견디며

창을 열면 가로등만 존재하는 세계에서 나는 백 년을 살았다

이 세계는 잠의 순례길

잠결에 부고를 듣고
잠결에 창을 열고
잠결에 하루가 지난다

그 사람은 막걸리와 달걀 한 알로
하루를 살아간다고 했었다

제 몸을 감싸안고 떠난 그 사람을 생각한다 광장에서 미얀마인들이 푯말을 들고 고국의 노래를 부른다

전시장의 영상 속 열두 제자의 식탁이 영상 밖 사실적 식탁

과 이어진다

  나는 비어 있는 가운데 자리 그 틈에 둘러앉는다

  화목한 형제처럼 생각한다
  미얀마로 가야겠다

  청보리가 있을 것이다 물들 수 있을 것이다

  달걀 하나로 풍요로운 일요일과 텅 빈 일요일이 동시에 있을 것이다

창세기

붉은 수영복을 입은 사람들이 물 위에 떠 있다
붉은 게들이 해변으로 모여들고 흩어지고
붉은 해가 뜨고 지고
붉은 수영복을 입은 사람들이
기다란 빨대로 해수면의 붉음을 다 빨아먹은 후

이런 말씀이 있었다

믿어요 나는 창조주입니다

잡화점의 붉은 조명 속으로
사람들과 사람들이 흘러오고 흘러가며
부딪쳤다 떨어진다
숨과 숨이 섞여
서로의 숨이 되고
숨과 숨이 섞여
규율이 되고 법이 된 후

이런 말씀이 있었다

믿어요 나는 창조주입니다

빛을 든 사람들이 광장에 앉아 있다
손에서 유한하고 무한한 빛이 타오르고
불이 밀려오며 밀려가고
누군가 외치자 불이 흔들렸다
뭉쳐도 찢어져도 좋지만
우리 이 붉은 불을 흘리지 말자 피 한 방울 흘리지 말자
그렇게 외친 후

이런 말씀이 있었다

믿어요 믿어요 나는 창조주입니다

페이스

빈 곳은 부족한 것이라고,
화가인 베르나르 뷔페는 말하며
자신의 얼굴에 분칠을 했다

나는 많이 부족한 사람

이마에 분칠을 한다 한껏 성난 이마를 마주할 것이다

입술에 분칠을 한다
굳었던 말들이 녹아 풀어지면
나는 백만 년 동안 하얄 것이다 백만 년 동안
분칠을 할 것이다

분가루로 목 안을 꽉 채워
나는 결코 부러지지 않는 사람이 될 것이다

겨울에 기차를 탄 나는
백안의 이민자

눈 안 가득 회백색 분칠을 한다
오랫동안 눈 덮인 국경을 서성이던 사람들로
나의 풍경을 빼곡히 채울 것이다

베르나르 베르베르가 깔깔거려도
베르나르 뷔페가 흘겨보아도
좋을,

온몸에 분칠을 한다 한껏 성난 몸을 마주할 것이다

무료한 큐브

어떻게 지내니?
개를 쳐다보고 있어

털이 갈기처럼 부푼 작은 개를

마주 오던 아이들이 묻는다
누구예요
사자

후후, 정답이란 지루한 거란다

공원에는 농구공을 던지는 한 사람
자전거를 타는 한 사람
나와 개
텅 비어가는 광장
합이 넷

넷은 점점 불투명한 수가 되고 말겠지

관처럼 몸에 꼭 맞는 방에 누웠을 때
끊임없이 기어오르는 덩굴과 바퀴에 깔린 새를
손끝으로 긁어 주어야겠다는 생각을 했다

목이 꺾인 솟대는
나무처럼 울까 새처럼 울까

후후, 끼워 맞추는 사유는 유치해

어떻게 지내니?
벽을 쳐다보고 있어

언니에게 틀려도 그만인 나의 예감을 말한다

개는 꼭 마흔한 살까지 살겠고
나는 꼭 아흔한 살까지 살 것이다

춤추는 미아

  도착했구나 손님은 너 하나뿐이지만 긴 의자를 줄게 별은 어제도 세어 봐서 지겨울 거야 그래서 문을 꼭 닫았어 너무 친절하면 죽은 나뭇가지들이 들어올 수 있어

  그러면 틈이 생길 거야 틈 많은 별들의 관계처럼

  여름을 불러 봐 무너질 산비탈이나 아무도 드나들지 않는 터널, 뱀 껍질이나 애기똥풀, 그런 여름이 있었다고 우리들은 붙잡을 수 없이 미끄러운 춤을 추었고
  그것은 울음이 터질 듯한 진노랑이었고
  그것이 전부였다고

그래서 우주였지
우주로 달아난 무용수들은 여름이면

잃어버릴 아이를 낳는다는데

걱정하지 마 무한한 틈이면 흔해지는 거야 이별은 시시할

거야 우주에선 그런 거야 난폭하게 기억되고 되새김질하고 갑자기 점멸하는 별을 보거든

  우리가 잃어버릴 아이들을 생각하자 춤추며 어디론가 가는 아이들을 그런 날

  밤새 공중에선 빛들이 반짝이겠지 누군가 걸어오고 빛을 세고 하늘은 다시 누군가의 세계인 거지 추워지기 전에 미친 듯 춤추는 처음이 있었던 거지 그런 우주인 거야

장마 2

긴 장마였어 태풍이 몰려왔어 무서웠어 마루를 걷는데 마루가 부서졌어 발이 빠졌어 웅덩이가 생겼어 터뜨렸어 커다란 거미였어 누렇게 기어 왔어 무서웠어 종이로 거미를 덮고 손으로 눌렀어 퐁당 손이 빠졌어 웅덩이가 생겼어 손바닥으로 때렸어 거미가 터졌어 웅덩이가 새빨갰어 무서웠어 웅덩이가 죽었어 웅덩이를 치웠어 웅덩이에 비치던 하늘이 사라졌어 웅덩이를 그렸어 반지하 낮은 벽에는 열다섯 나이 사다리를 그리지 않아 낮은 창으로는 햇살의 은혜를 배우지 않아 웅덩이를 그렸어 웅덩이가 움직였어 몸서리치도록 아름다운 거미가 기어가고 있었어

엔딩 크레딧

발랄한 취미

애인은 그래
들 바람 꽃이 필 때면 그런 구두를 선물하지
맞지 않는 구두를 신은 나는
달그락달그락

설거지를 하듯
중력을 씻어버리듯

달그락달그락 지구는 달을 돌고
달은 구두를 씻고

애인은 그래
들 바람 꽃이 질 때면 그런 모자를 선물하지

중심을 얹듯
모자를 눌러쓰듯

지구는 달을 쓰고
샤랄랄라 달은 지구에서 날아가고

그렇게 구두와 모자는
견딜 수 없는 슬픔이었다며

달그락달그락
설거지하는 소리를
샤랄랄라
애인의 발소리로 믿으며

반달이 뜨려나 봐

애인이 달아났다
애인이 숨어든 곳은
자정이 지난 휴게소
휴게소가 눌러쓴 검은 공중

세상은 미완이었고 그렇게 세상의 처음과 끝은 탄생했다
나는 달아난 애인의 발을 어루만진다
어루만지고 쓰다듬으니 따듯해진다
반달의 존재 이유를 이곳에서 물을 것이다
어둠 한 모퉁이
달아난 애인의 발은 노랗게 빛나고
세상은 언제나처럼
반달의 세계

비가 와 해바라기야

밀물처럼 머리칼을 잘라줘요
별들이 떨어져요 후두두둑

여름이 지나는 계절에 이 골목에 비가 오고
미아네 미장원에 수증기가 피네

푸른 장화를 신고 해를 잡으러 떠났다는

늙은 미용사의 우산 속에 늙은 거미가 사네

썰물처럼 머리칼을 잘라줘요
별들이 태어나요 후두두둑

그림자가 머리칼처럼 헝클어진 누군가 걸어가네

푸른 수증기가 피어오르는 골목
미아, 네가 없는데 네가 지나가네

머리에 돌을 얹고

옛날옛날 윤달의 아이처럼
걸어가는 미아야
너를 따라 돌을 주울게
모자처럼 머리에 돌을 얹고
윤달에는 미아야
희디흰 잠옷을 빨고 희디흰 장갑을 말릴게

머리에 돌을 얹고 기울게
멀리멀리 돌아갈게
한 달이 지나면
한 번 더 너를 지나갈게
마주할게
빛나는 빛나는
미아야

느리고 우울해

너는 내가 되고 싶었니 플라톤의 향연에서처럼 너와 나 한 쌍이었다가 둘로 나뉘었다는 전설이 있었다 백야와 극야처럼 지겨워하며 두근거리며 서로를 비껴갔다 나를 찾느라 바짝 약이 오른 너는 조각나고 우울하고 아파서 찡그리다가 다시 나를 찾아 수많은 궤도를 돌고

대합실이었는데
똑똑 지팡이 소리가 들렸어

밤새 비는 오고
비보다 느린 지팡이 소리가 똑똑
오지 않는 마지막 버스보다 느리게 아주 느리게

아닐까 봐 낯설까 봐 흐느낄까 봐 달아날까 봐 나는 돌고 돌고

너의 빛에 맹세할게
미아야

포즈

너의 뺨을 만진다
두 팔로 살며시 공중을 껴안는다
새들의 시간에 닿았다가 돌아오는 중이다
그런 메아리라며 소금밭을 지나 무지개를 지나 사과나무를 돌아오는
마지막 포즈를 취할게 뺨과 뺨을 맞대는

메아리와 메아리를 맞대는

그런 이별이라며

기억해

설리 2

　남쪽에서부터 눈이 몰려온다는 예보가 있었다 눈이 내리기 시작한다 밤새 눈이 내린다 눈 내리는 호텔은 홍콩영화 속 무림여관 같기도 하고 지우펀의 술집 같기도 하다 영화 동사서독을 기억한다 잔인한 무사였는데 그는 자신의 다리 살점이 검에 베여 뼈가 드러나도록 싸웠다 모래폭풍 속에서 그의 살점이 한 점 한 점 흩날렸다 흩날려 아름다운 것들은 무엇이 될까 한낱 비루한 영혼이었기에 무사의 살점은 모래가 되었을까 사무친 회한 못 잊은 사랑 눈꽃이 되어 바다를 덮었을까 바다에 눈이 내린다 눈이 내린다 눈이 덮은 바다는 다 모래 같다 눈이 덮은 바다에 박혀 있는 배는 쓰러진 무사 같고 흩날려 아름다운 것들은 무엇이 될까 무엇이 될까

3부 | 폭풍처럼 완전한 대사는 없다

대지

잡목 숲이었다 늪은 없었지만 늪을 건넜고 그곳에는

좁은 비닐하우스에 숨어 웅크리던 밤이 있었다 커다란 돌을 어깨에 메고 비틀거리던 한낮이 있었다 그곳에

비극은 없을 것이다 먼지마저 가지런해지는 공기여서 타인을 마주치면 조용히 돌을 내려놓고 고개를 숙이는 것이다

세상에서 가장 큰 삼나무는 없었지만 세상에서 가장 큰 삼나무 꼭대기로 올라갔다

어제의 나이가 별똥별로 떨어지는 그곳에서

대지를 내려다보았다

늪은 없지만 늪을 건너고 길은 없지만 길을 건너는 사람들이 낯선 타인을 만나면 돌을 던지고 타인이 없으면 돌을 어깨에 멘 채 잡목 숲을 지나 조용히 대지를 건너고 있었다

사막은 늘어난다

모래처럼 울 수 있을까 색목인처럼 모래 속에 미끄러져 잠들 수 있을까 성벽처럼 낙타로 멀어지는 모래와 이별하거나 모래로 돌아오는 낙타를 사랑할 수 있을까 모래를 키웠다 쉽게 허물어지고 쉽게 달아날 수 있다면 무서움도 무거움도 없을 것이다 마음이 키운 모래는 늘 발에 밟히고 눈을 찔렀다 간혹 애인의 책을 베고 잠들면 몹시 가려운 밤이었고 모래폭풍이 일었다 흔적 없이 사라지는 모래라고 말했는데 왜 지구에서 사막은 넓어지는 걸까 사막을 배경으로 사진을 찍어 소식을 띄운다 한 선지자의 주머니에 담겨 지구를 한 바퀴 돌아온 그를 한 줌 꺼내어 흩뿌리면 모래를 퍼뜨린 생이었다고 낙타를 사랑하는 흰 성벽에 고백할 수 있을 것이다

초지역 草地驛

그래서 아라공은 말이지

초식동물 네 마리는 초식동물이어서 얼어 죽었다 주인이 깔아 놓은 털 담요를 어미는 이해할 수 없었다 초식성 콘크리트 바닥에서 새끼 네 마리를 낳았다 초식성 혹한만을 알고 있었다 초지는 초식성만 사는 곳이라서 울음 사나운 개들의 지붕과 허물 더러운 뱀들의 길목은 불도저에 깔렸다 불도저 아래 정적을 이해할 수 있었다 철로와 고층 아파트의 경적을 이해할 수 있었다 평등하고 감격적인 노을이었다 그것이 초지에서 태어난 초식동물의 심장이었고

이미 심장을 뜯어 먹혀서 가슴이 휑하니 뚫린 너와
바람이 불지 않는데 바람을 말하고 소설을 말하고 뱀들의 길목을 말하고

초지역에서 헤어진다

여우야여우야여우야

살아돌아라머리야돌아라창살아벽돌아돌아라돌고있는여우야돌고도는여우야어른아아이야아비없는여우야여우인여우야돌아라돌아라돌아라돌아라엄마야여우야아들없는아들아북극아사막아적도야여우야여우인여우야돌아라돌아라돌고돌아서돌아라사육사야동물원아동물학자야천문대야우주비행사야우주야돌아라돌아서돌고돌아서돌아버려라구경꾼아야경꾼아착한여우야예쁜여우야용감한여우야여우야여우야여우야돌아라돌아버려라돌고돌아서새카맣게돌고돌아서새하얗게돌고돌아서돌아라돌아버려라여우야여우야여우야

형광

노동이라는 단어를 형광이라는 단어로 바꾸면

공장도 형광
공사장도 형광

밥 먹는 형광 일하는 형광
형광 옷을 입은
그대로

회벽을 바르다
전신주를 세우다
조선소에서 용접을 하다
바다 밑으로 가라앉았다
건물 밑으로 사라졌다

소멸이라 정의하지 않아도 되는
노동자의 실종이

보기 좋아

사방에 형광을 묻는다
철길의 형광 고속도로의 형광 용광로의 형광
지하의 공중의 물속의

노동, 색채를 묻는
우리의 노동

백 년 뒤 만 년 뒤에도 찾을 수 있다

법원에서도
땅속에서도

형광을 찾으면 된다

영웅

　수족관을 놓을 겁니다 영웅은 말이죠 물의 방을 갖는 겁니다 물의 방에 사는 겁니다 이사 온 지 며칠이 흘렀습니다 이사 온 지 몇만 년이 흘렀습니다 몇만 번째 방입니다 달력은 젖지 않습니다 무서운 물입니다 물이 차오릅니다 무서운 물을 막습니다 천장에서 내리치는 물을 막습니다 바닥을 기어오르는 물을 막습니다 물에 잠이 불어 잠들 수 없습니다 물에 꿈이 잠겨 꿈꿀 수 없습니다 물을 막습니다 창을 막아도 소용이 없어서 물을 자릅니다 잘라도 잘라도 물이 자라는 방에서 사는 겁니다 상추처럼 또 자르는 겁니다 물에서 물로 물은 흘러갑니다 달력은 젖지 않습니다 영웅은 말이죠 물의 방을 쟁취하는 겁니다 물에 물의 나라를 세우는 겁니다

부기맨

　나는 네가 없다 너는 내가 있다 함께 버스를 타며 함께 바이킹을 타며 함께 소리칠 나는 네가 없다 교실에서 기절할 때 비명이 없다 비명 없는 비명을 외칠 너는 내가 있다 너는 내가 없다 내가 너를 벽장 속에 가둔 것이라고 그래서 가끔 튀어나온 것이라고 네가 내 머릿속을 두드린 것이라고 그래서 내가 너의 벽장문을 활짝 연 것이라고 우르릉 쾅! 몰아친 신호에 몸을 떠는 나는 네가 있다 벽장 속에 사는 너는 내가 있다 느닷없이 나를 벽장 속으로 잡아끄는 나는 네가 있다 함께 줄넘기를 하며 함께 기절하며 쓰러지지 않으려고 벽장 속에서 서로의 몸을 묶는 나는 네가 있다 너는 내가 없다 그렇게 우리는 있다 우리는 함께 있다 세계는 벽장 속에 있다

살구살구살구

　괴물의 숨소리가 거칠어지고 있다며 집을 맴돌던 사람들은 살구나무 가지 속에 열두 개 집주소를 숨겨 놓았다 살구나무 놀이터에는 숨길 것이 많았다 히잡을 벗은 이국 여자들의 얼굴과 노인의 리어카에 실린 폐지의 무게와 창을 말리는 반지하인들의 한잠이 꼭꼭 숨어 있었다 숨은 것이 많아서 사실은 점점 미궁에 빠졌다 아무도 모르는 공중 관람열차가 돌아가고 아무도 모르는 살구가 아무도 모르게 뜨고 진다는 놀라운 사실이었다 보이지 않을수록 살구나무는 울창해졌다 집으로 돌아가기 싫은 연인들의 수줍은 키스가 밤의 살구처럼 땅으로 떨어지기를 돌아가는 길을 잃은 소년들이 열두 개 집주소를 찾아 살구나무 속으로 들어가기를 가지치기의 계절이면 돌아오는 살구나무의 비명이 신들의 합창이기를 빌었다 여름이면 살구나무 아래가 괴물보다 뜨겁고 히잡보다 은밀하고 사이렌보다 웅장한 그늘이기를 살구살구살구 살구이기를

자메이카

집어삼킬 듯한 눈이었다 눈이 얼었다 목을 감싸는 짙푸른 스웨터를 꺼내어 머리를 집어넣는다 냄새다 무슨 냄새일까 스웨터 냄새일까 눈 냄새일까 자메이카 냄새일까 옷을 갈아입고 거리로 나온다 좁고 낯선 메타세쿼이아길에서 나무 꼭대기를 쳐다본다 머나먼 계절 끝 푸름 푸르름 공중에서 시퍼렇게 숨죽이고 있다 목을 겨눈 푸른 칼날 눈을 찌르는 푸른 칼날 창자를 가르는 푸른 푸르른 칼날 집으로 돌아가 스웨터를 버려야겠다 헐떡이며 걷다가 문 닫힌 자매카페를 자메이카로 읽는다 아름다운 자매의 만돌린 연주를 듣고 싶다 냄새가 사라지고 색이 사라지고 서슬 '푸른' 기억이 사라지기를 자메이카여 오늘 죽은 내 자매여 만돌린을 켜 주시겠습니까

날개

비 내립니다

흰옷을 넣었습니다
퍼덕입니다
분명,

세탁기 속에서 움직인 것은
손바닥만 한 날개
놓아주려고 합니다 붙잡았다가 놓칩니다
기다립니다 선의입니다
다시 버튼을

내립니다, 비

내리고
퍼붓는 날에

네 집에 영원한 저주가 있으리라

기도입니다 선의입니다

흰옷을 꺼내어 흔들며
달라붙은 갈색 먼지를 털어냅니다
흰 구름에 갈색 참새도 좋고
가을 하늘에 흰 구름도 좋지만

붙잡았다가 놓칩니다
분명,

날개만 한 손바닥

네 하늘에 영원한 저주가 있으리라

에메랄드

아저씨, 문 앞을 지키는 마네킹 허수아비가 무섭네요
그러니 그렇구나 애인의 굳은 맹세를 닮았는데

나무를 달아 주려고요 모네네 하늘에 에메랄드그린을 심어요

아저씨, 전깃줄을 붙잡은 비닐 허수아비가 무섭네요
그러니 그렇구나 심장이 투명해서 믿을 수 있는데

나무를 달아 주려고요 모네네 하늘에 에메랄드그린을 심어요

아저씨, 연못을 건너는 검정치마 허수아비가 무섭네요
그러니 그렇구나 먹구름을 덮으면 새카맣게 잠들 수 있는데

나무를 달아 주려고요 모네네 하늘에 에메랄드그린을 심어요

아저씨, 아저씨에게도 나무 한 그루 달아 줄게요
그러니 그렇구나 나를 들어 깊은 모네네 연못에 던져 주거라

헤이데이

낯선 정류장 의자에 앉아 있고는 했다 그것이 정류장에서 해야 할 일이라는 듯이 그런 이유로 정류장이 생겼다는 듯이 정류장에서 버스를 기다리는 일은 오히려 아득한 일 해서는 안 될 일처럼 느껴지는 한낮, 카페를 찾아 들어갔다 정류장 풍경이 유리에 비친 카페다 세 개의 벽이 유리로 된 카페다 맹렬히 달리는 차들과 세 갈래 길을 마주하고 앉는다 문을 열면 사직단 돌담이 이어진다 돌담 끝에는 지키지 못한 결의가 있을 듯하다 길을 믿는 것처럼 고집을 믿고 싶은 사람이 그 돌담 끝까지 걸어간 적 있을 것이다 궁극의 패배일지라도 폐허일지라도 절대적 믿음이라고 믿고 싶은 사람이 담에 기대 돌을 쓰다듬었을 것이다 카페의 젊은 주인은 호퍼의 전시장에서 다섯 시간을 머물렀단다 고가철로 그림 앞에서 두근거렸단다 떠나고 싶었단다 머뭇거리고 싶었단다 그러다 저 돌담을 따라 이곳까지 왔단다 카페를 차렸단다 온몸으로 빛을 투과시키는 유리가 있는 카페에 앉아 혼자 hey! 하고 유리에 비친 사직단 돌담을 불렀단다

반복적 희극

목을 닮아서 목단이에요 아버지를 버린 아이가 아버지를 지킨다네요 웃겨요 희극이에요 아이가 없는 아버지가 아이를 지킨다네요 목에 목을 달아서 목단이에요 목단이 핀 집은 사악해요 나는 아이를 질투하고 나는 아이의 유년을 질투해요 비려요 숨 막혀요 어린 아버지가 늙은 아이와 꽃놀이를 한다네요 목단이 우거진 집은 징그러워서 나는 아버지처럼 아이를 던지고 나는 아이처럼 뱀파이어를 던져요 목을 닮아서 목단을 절이는 식탁이에요 태어날 아버지가 목단을 사랑한다며 울고 죽은 아이가 목단을 사랑한다며 울어요 나는 아이를 질투하고 나는 아이의 목단을 질투해요 펑, 축포예요 목단을 쏘아 올려요 아버지가 움켜쥔 아이의 목이 빛나고 아이가 물은 아버지의 목이 빛나네요 펑, 펑, 목에 목을 달아서 목단이에요 반복적인 희극이에요

그때 그림자는 나팔수였을까

그림자 없는 시간을 걸었다
그림자와 부딪혔다
낮을 도는 흰 그림자의 흰 그림자
낮을 돌지 않는 검은 그림자의 검은 그림자 그때,
그림자는 솔개였을까
나른하게 밀려오고 밀려가는 자정과
정오 사이 그때,
그림자는 행성이라고 했다 그림자는 바람이라고 했다
깜짝 놀란 그림자와 갑자기 깜짝 놀란 그림자놀이를 하는
그림자로 두근거렸다 그때,
그림자는 장미였을까
그림자는 그림자에 찔렸고
그림자는 그림자의 냄새를 맡았고 그림자는 그림자를 물었다
그때,
그림자는 그림자 안으로 들어가
그림자 마음 안의 그림자로 그림자 마음 밖의 그림자로
그림자와 함께 누웠다

그림자로 견딜 만했다
그림자로 괜찮았다
그때,
막을 내리는
나팔 소리가 들렸다, 그때
그림자는 나팔수였을까

피리

크기가 다른 내 눈은
피리를 불 때면

손가락이 누른 현란한 가족사를
죽은 가족들의 검은 목구멍에서 부는 서늘한 바람을
보았다

눈을 감으면 빛은 보였고 소리가 들리지 않았다 피리처럼

눈의 크기로 슬픔의 넓이를 가늠했다

크기가 다른 눈이어서
슬픔이 달랐다

사람의 편지와 귀신의 유서는
가지런했고 더러웠고 순했고 화려했다

왼쪽 눈 속에 그림자를 가두었으며

오른쪽 눈 속에서 그림자를 말렸다

긴 고백을 듣는 애인은 어제보다 다정했으나

다정한 얼굴들은 빛 뒤로
멀어졌다

빛은

한 눈에서 머물다
한 눈으로 사라지거나

모든 눈에서 머물렀다

눈이 부셔 모든 눈을 감았다

틱

    사랑이, 팔이 흔들리는 것, 흔들려서 별이 떨어지는 것 계단에서 툭, 마주쳤고 툭, 나를 불렀고 말뚝박기 놀이를 하며 엎드려 있었는데 오른쪽 어깨로 불덩이가 쿵, 꺾이는 소리 겨울이었나 봐 외투 속에서 흔들려 흔들려서 보이는 것 흔들려서 떨어지는 것 흔들려서 부정합니다 팔을 흔들었습니다 여름이었나 봐 모래와 모래와 모래 속에서 겨울이었나 봐 외투와 외투와 외투 속에서 별이 보일 때 별을 꺼낼 때 나도 모르게 프로펠러처럼 흔들어 꿈속에서 멈춘 꿈을 비틀어 눌러 흔들수록 툭, 툭, 틱, 튀어나오는 돌들, 쉼 없이 팔을 흔들어 프로펠러처럼 별은 멀었는데, 탈출하는 돌들이 뼈들이 천둥이 번개가 별 건너 별 너머로 지독하게, 사랑이

장마 1

흰 건반

토끼를 키웠어요 토끼 입에 상추를 넣어 주고 내 입에 상추를 넣어 주었어요 피아노 방은 피아노처럼 높고 환하지만

피아노 선생님을 배반했어요 다른 선생님에게로 갔거든요 엄마 때문이에요 피아노 선생님이 자꾸 음계를 가둔다네요 흰 건반만 누른다네요

피아노 선생님은 흰 건반만 흰 건반이 눌려 올라오지 않아도 흰 건반만

건반 위에서 두 손을 교차하듯 이야기를 살짝 바꿔 볼까요

검은 건반

엄마는 토끼장을 수리해요 흰토끼를 검은 토끼장에 넣고

토끼는 사랑스러운 것 토끼는 착한 것 흰토끼는 사랑스러운 것으로 자랐어요 착한 것으로 자랐어요

토끼장을 수리하며 엄마는 장마를 기다려요 검은 우산을 쓰고 사랑스러운 것 착한 것

그리고 여름내 비가 왔어요 누가 검은 건반만 누른 것처럼

이야기를 바꿔볼까요 두 손을 교차하듯

장마

비가 와요 흰 웅덩이 검은 웅덩이가 생겨요

비가 오는 동안 키가 커져요 알아요 은혜를 모르고 상추를 삼키는 동안 커져요 나는 토끼장 밖으로 나갈 수 없어요 구름에서부터 토끼장까지 닿는 귀가 긴 비래요

장마래요 알아요 피아노는 습해요

장마에 토끼는 빠져 죽어요 흰 웅덩이 검은 웅덩이

폭풍

폭풍은 이렇게 발생한다

산보다 큰 폭풍이 등장한다
산보다 큰 폭풍이 흔들린다

공중전화 부스에서 수화기를 들고 있는
그 여자는 모른다 저 흔들림이
폭풍인 것인지
폭동인 것인지

강보다 긴 공룡이 등장한다
강보다 긴 공룡이 출렁인다

공중전화 부스에서 수화기를 들고 있는
그 남자는 모른다 저 출렁임이
결말인 것인지
결론인 것인지

폭풍처럼 완전한 대사는 존재한 적 없다
폭풍보다 완벽한 대역은 존재한 적 없다

폭풍이 수화기 든 여자를
공중전화 부스까지 먹어 치운다

자기야 미안해 어쩔 수 없어
이건 폭풍 같은 거야

응답 없는 수화기에 대고
공중전화 부스의 남자가
말한다
흐느낀다

집으로 돌아간다

폭풍은 이렇게 소멸한다

설리 3

　쌓이고 쌓이는 눈 호텔의 밤 풍경 소리가 없다 길은 묻힌다 이곳에 오랫동안 머무를 지도 모르겠다 흥미롭다 세상이 눈에 덮이고 몇만 년 동안 잠을 자고 긴 잠에서 깨어나 어제의 집으로 돌아간다는 것 그래도 가야지 어제의 집으로 눈을 쓸며 눈을 베고 누우며 눈에 찔리며 가야지 시를 쓰고 시를 베고 시에 찔리며 어제의 집으로 그제의 집으로 가는 길에 운명론자가 되거나 미래주의자가 되거나 고립되거나 뒤척이거나 어쩌면 고립이 너무나 설레어 잠들기가 아깝고 그래서 뜬눈으로 밤을 새우는 노쇠한 시인이 될지도 모르겠다 그래도 가야지 어제의 집으로

해설

소다수 하늘의 자유를 위하여

김주원(문학평론가)

소다수 하늘의 자유를 위하여

황은주의 시는 바깥으로 나아가려는 충동을 품고 있다. 언어들은 고정된 의미망을 벗어나려 하고 사물은 본래 의미가 아닌 개인적이고 내밀한 기억과 결합되어 있다. 『새에게 소다수 하늘을』을 읽는 일은 쉽지 않다. 익숙한 관념을 벗어나 새에게 소다수 하늘을 선사할 수 있을 만큼의 상상력이 필요하기 때문이다. 첫 시집 『그 애가 울까봐』에서 확인할 수 있듯 황은주의 시는 사물이나 언어가 지닌 실용적 의미를 중단시키고 관념의 경계를 오가는 사유를 보여주었다. 새롭다는 찬사 이면에는 편안하지 않다는 뜻이 포함되어 있다. 시인은 사물에서 미리 의도한 의미를 끌어내는 친절한 길로 독자를 안내하지 않는다. 황은주의 시는 사물이 고유한 위치를 벗어나면 어떤 일이 일어날지를 더 궁금해하는 표정이다. 언어가 사물의 본질을 탐구한다는 식의 진지한 태도에서 황은주의 시는 멀찌감치 떨어져 있다. 그러나 그의 시에는 다른 길을 향하는 지각의 모험이 있다. 잘 읽히기 위해서가 아니라 낯설게 하기로 존재하는 시의 길이 그렇게 만들어진다.

'낯설게 하기'는 관성에 물들기 쉬운 인간의 감각과 사고에 새로운 자극을 가하는 문학 기법이다. 모든 익숙한 것들이 낯설게 하기의 대상이 된다. 우리에게 이미 익숙한 지각이나 관념은 저마다 인간 생활의 필요에 따라 만들어진 것이며 삶에 질서를 부여하는 측면이 있지만 그러한 관념은 의심되거나 동요되지 않는다. 낯설게 하기는 이러한 집단적 개념에 반문하는 태도이다. 모든 예술 작품이 낯설게 하기의 요소를 갖고 있다고 할 수 있지만 그 경향은 저마다 다르다. 사물의 고정관념 바깥을 탐구하는 예술적 자각은 황은주의 시에서 가장 중요한 특징이라 할 수 있다.

바람은 아직은 바람으로 불 때가 아니라며 완벽하게 바람을 가두었다

바람은 아직은 바람을 가둘 때가 아니라며 바람으로 불었다

나는 그날 바람을

처음 만났다

나의 영혼이 가장 가벼운 그날에

여왕과 뱀처럼
오렌지와 비누 사이처럼

우리는 서로의 몸을 씻겨주었다
나는 오렌지에 비누에 바람을 가두었다

아직은 바람을 가둘 때가 아니라며 바람은 울었다
— 「구속」 전문

이번 시집이 「구속」으로 시작한다는 점은 흥미롭다. 바람은 구속의 주체이자 대상이다. 가장 자유로운 속성을 지닌 바람과 구속의 심리 상태를 연결시키고 있는 이 작품은 "여왕과 뱀", "오렌지와 비누 사이"라는 낯선 조합을 만든다. 그것은 "나의 영혼이 가장 가벼운 그날"의 풍경이었다. 여기서 서로 멀리 있는 것을 가깝게 만드는 낯설게 하기의 효과는 우리에게 새로운 사유를 요청한다. 구속은 친밀한 관계에서 일어나기 쉬운 감정의 집착이다. 하지만 두 사람은 여왕과 뱀처럼, 오렌지와 비누 사이처럼 서로 다른 존재이며 그 다름 때문에 '사이'는 필연적이다. 영혼이 가장 가벼운 날 그들 사이에는 바람이 불 것이다. 그런데 서로의 몸을 씻겨줄 만큼 너무 가까워졌을 때, "나는 오렌지에 비누에 바람을 가두"게 된다. 너무 가까운 관계는 서로를 구속한다.「구속」은 '사이'의 소멸이 곧 구속이라는 것을 말하는 시이다. "바람은 아직은 바람으로 불 때가 아니라며 완벽하게 바람을 가두었다", "바람은 아직은 바람을 가둘 때가 아니라며 바람으로 불었다"는 문장은 낯설어서 가만히 들여다보게 된다. 바람이 자신을 가둘 수도 있지만 스스로 해방시킬 수 있다니. 바람조차 스스로 가둘 수 있다는 이 시의 통찰은 가볍지 않다. 서로 다름을 인정하지 않고 사이를 침범할 때 자유는 사라진다. '구속'은 외부에서 오는 것이 아니라는 자신도 모르는 집착이 만드는 것이다. 자신을 가두기도 하지만 그것에서 벗어날 수 있는 바람의 양면성은 친밀함과 구속이 한데 얽힌 인간관계의 속성을 생각하게 만든다.

 소다가 빠져버린 새들에겐 하늘이 없어요 처음부터 그랬어요 처음부터 콜라 색깔 하늘이었고 처음부터 전선이었고 처음부터 발가락이었어요 나는 여섯 개의 발가락으로 전선을 움켜쥐고 지상을 내려다보는 존재였어요 하늘은 가까웠고 하늘은 언제나 콜라 색깔 가

끔 비가 내려서 물이 빠져도 싱겁지 않아요 콜라를 부어 줘요 그렇
게 전선 위에서 발가락으로만 살다가 아스팔트 길에 발가락 여섯
개로 나란히나란히 앉은 겁니다 때마침 나보다 느린 바퀴들이 지나
간 겁니다 그때 하늘이 아주 먼 곳에 있다는 것을 알았고 전선조차
높은 곳에 있다는 걸 알았죠 발가락은발가락은 굶으며 이삭처럼 자
랄 겁니다 이삭처럼 줍고 이삭처럼 배부를 겁니다 그리고 그런 일이
생겼죠 할머니가 이삭처럼 나를 주웠죠 친구들은 애타게 울었죠 하
늘에서 사라진 새 한 마리 전선에서 떨어진 새 한 마리 전선을 올려
다보는 새 한 마리 할머니는 내게 물었죠 저 하늘이 그리우냐 그리
고 할머니가 내게 소다수를 부어 주었어요 소다수처럼 푸른 하늘을
— 「이삭」 전문

    처음부터 하늘이 없었던 새에게 소다수는 푸른 하늘과 같
은 자유였을 것이다. 콜라 색깔 하늘을 보며 전선에서 지상을
내려다보던 새에게 아스팔트 길은 낯선 세상이다. 그러나 지
상으로의 하강은 전선을 움켜쥐었던 새의 발가락이 야성을
잃고 길들여지고 굶아가는 것을 의미한다. 이 시는 동화 같
은 이야기로 전개되지만 그 내용은 우화적이다. 이삭은 새와
가장 거리가 먼 단어이다. 할머니가 부어 주는 소다수는 새가
그리워하는 하늘이 될 수 있을까. 처음부터 새에게 주어진 세
계는 혹독했다. 전선에서도 지상에서도 새가 갈구하는 것은

동일하다. 날 수 있는 자유를 포기한 후에도 그가 원하는 것은 소다수 같은 푸른 하늘이다. 그것이 일시적인 해방에 불과하더라도 새를 새답게 만드는 것은 푸른 하늘의 자유인 것이다.

황은주의 시적 화자는 말한다. "후후, 정답이란 지루한 거란다", "후후, 끼워 맞추는 사유는 유치해"라고(「무료한 큐브」). 세계는 무료하게 갇혀 있고 처음부터 그래왔던 관성이 덕지덕지 붙어 있다. 정답을 유도하는 방식, 정해진 길을 답습하는 사유는 콜라 색깔 하늘처럼 갑갑한 배경이 되어 우리 삶을 둘러싸고 있다. 여기서 기억할 것은 소다수 하늘 같은 자유가 저절로 주어지는 것은 아니라는 점이다. 지상보다 높이 있으면서도 갇혀 있는 새의 형상은 황은주의 시에서 인상 깊게 자리 잡고 있다. 새의 이미지에서 이삭을 연결하는 시인의 눈은 날개와 뿌리를 가진 것의 대비를 통해 새는 자유롭다는 공식에 균열을 가한다. 콜라 색깔 하늘처럼 자유는 희미하고 결박당하기 쉬운 속성을 지닌다. 무엇보다 자신이 갇혀 있는 상태를 알아차리는 것은 자유를 갈구하는 것보다 더 어려운 일이다. 그런 알아차림이 황은주의 시에 독특한 시적 긴장을 이루고 있다는 것은 중요하다. 「설리 1」에서 수영장의 푸른 천장에 그려진 열대어는 그와 관련된 가장 극적인 이미지라 할 수 있다. 열대어의 지느러미는 해졌고 눈동자는 지워져 있다. 무역풍에 매달려 헤엄치던 "대항해의 시대는 꿈보다 짧았다". "격정으로 몸을 떨며 끝없이 날아가는 공중은 얼마나 황홀한가 낯선 흙냄새는 얼마나 아찔한가"라는 화자의 질문에는 삶은 곧 모험이고 정주(定住)는 죽음이라는 인식이 깔려 있다. 빛바랜 눈동자를 가진 열대어는 사실의 모사(摹寫)일 뿐이며 죽음의 이미지이다. "하얗고 눈멀고" 소멸하는 시간 속에서 삶의 황홀과 낯선 아찔함의 순간은 매우 짧다. 생생하게 살아 있는 시간은 경험하는 그것이므로 그림으로 박제하는 것은 불가능하다. 그 순간을 놓치면 "완전히 눈을 감고 귀를 막은"(「잠자 씨에게」) 소멸이라서 시적 화자는 잠들지 못한 날들을 보낸다. 카프카의 그레고르 잠자를 패러디한 「잠자 씨에게」를 보면 불면은 잠에 빠져들지 않는 열정이다. 잠은 감각과 사유의 수면 상태이고 각성을 잃어버린 또 다른 형태의 죽음이기 때문이다. "이 세계는 잠의 순례길//잠결에 부고를 듣고/잠결에 창을 열고/잠결에 하루가 지난다"(「오래된 잠 3」)는 문장이 함축하듯 살아 있음에도 잠에서 깨어나지 못한 것처럼 관성적으로 진부하게 시간을 보내는 일은 허다하다.

 이러한 관성의 지배는 도처에서 확인할 수 있다. 몇몇 작품에서는 집과 가족에서 그런 문제가 드러나기도 한다. "손가락이 누른 현란한 가족사를/죽은 가족들의 검은 목구멍에서 부는 서늘한 바람을/보았다"는 「피리」는 가족과 관련된 슬픔에 휩싸여 있으며 또 다른 시에서 미국에 있다는 아버지는 현실이 아닌 야릇한 거짓말 속에서만 존재한다(「아메리카노」). 황은주의 시에서 집이나 가족은 삶에 새로운 가능성을 부여하지 않는다. 집을 맴도는 사람들과 울창한 살구나무 그늘의 음습함(「살구살구살구」), 아버지와 아이가 서로의 목을 움켜쥐거나 물고 있는 목단이 핀 집 이야기(「반복적인 희극」)는 집의 폐쇄성에서 공포를 끌어내는 영화의 한 장면을 옮겨놓은 듯하다. 살구나무가 지루해서 이사를 가겠다고 하면서도 "이사를 간다 다시/살구나무가 있는 집으로"(「오래된 잠 2」) 돌아오는 반복은 익숙한 과거와 관성에서 벗어나는 것이 얼마나 어려운가를 보여주고 있다.

 황은주의 시에서 반복되는 살구나무의 이미지는 특정한 의미를 드러내기보다 의식의 흐름과 관련된 개인적 상징의 성격이 강하다. 키위와 금붕어처럼 사물들 간의 돌연한 결합의 효과를 발생시키거나 비슷한 어감의 단어를 활용한 언어유희가 자주 사용되는 것은 이번 시집이 익숙한 지각을 흔들고 일상언어의 관습을 비트는 실험에 맞춰져 있음을 암시한다. 때때로 낯선 이미지에 치중한 나머지 정서적으로 음미할 수 있는 연결고리가 부족한 느낌이 드는 것도 사실이다. 그래서 언어의 실험과 정서적 울림이 공존했으면 하는 바람도 생긴다. 그러나 잘 읽히는 단순함보다 낯설게 하기의 불투명함을 이토록 일관성 있게 탐구하는 것은 현대시의 새로움이고 황은주 시의 개성일 것이다. 우리가 안다고 믿는 것들은 그다지 분명하지 않다. 과거로부터 상속된 모든 것들은 "색을 모르는 사물", "형체를 모르는 사물"(「불투명한 상속」)이므로 예술은 그것들을 낯설게 다시 볼 뿐이라고 그의 시는 힘주어 말하고 있는 것 같다.

  이번 시집에서 노동에 관한 시들이 수록되어 있는 것은 눈여겨볼 만하다. 자칫 관념적인 언어 실험으로 보일 수 있는 황은주의 시가 생생한 삶의 현장을 비추고 있는 것은 그것이 우리의 관념을 형성하는 삶의 조건이자 무뎌진 감각을 일깨우는 사유의 공간이기 때문이다.

  노동이라는 단어를 형광이라는 단어로 바꾸면

공장도 형광
공사장도 형광

밥 먹는 형광 일하는 형광
형광 옷을 입은
그대로

회벽을 바르다
전신주를 세우다
조선소에서 용접을 하다
바다 밑으로 가라앉았다
건물 밑으로 사라졌다

소멸이라 정의하지 않아도 되는
노동자의 실종이

보기 좋아

사방에 형광을 묻는다
철길의 형광 고속도로의 형광 용광로의 형광
지하의 공중의 물속의

노동, 색채를 묻는
우리의 노동

백 년 뒤 만 년 뒤에도 찾을 수 있다

법원에서도

땅속에서도

형광을 찾으면 된다

— 「형광」 전문

노동이라는 단어는 형광과 바꿀 수 있다. 형광은 스스로 빛을 낼 수 없지만 현대 생활에서 없어서는 안 되는 빛이다. 공장과 공사장, 밥을 먹고 일하는 모든 곳에 형광이 있다. 형광과 노동은 떼려야 뗄 수가 없다. 형광은 '형광 옷'처럼 경고나 위험한 상황을 알리기도 한다. 그런 곳에도 노동자들이 있고 실종되기도 한다. 시적 화자는 그것이 소멸이 아닌 실종이라서 다행이라고 생각한다. 안타깝지만 '실종'과 '소멸'은 지금의 노동 현실을 설명하는 단어라는 것도 기억할 필요가 있다. 지하에서 공중에서 물속에서도 노동이 이뤄지지만 우리의 노동은 묻힌다. 노동은 흔하고 당연하지만 위험하고 눈에 보이지 않을 때가 많다. 노동하는 사람의 노고와 가치를 우리는 얼마나 알고 있는가. 이 시에서 노동이라는 말을 형광으로 바꾸는 이유는 분명하다. 보이지 않는 노동이 잘 보이게끔, 실종되는 노동자가 소멸되는 일이 없도록 살피는 밝은 빛이 우리 사회에는 필요하기 때문이다.

「달콤한 일」에서 자정 무렵 노동이 끝난 뒤 "빵을 사고 빵을 먹으며 빵처럼 생각"하는 '나'의 모습은 마치 사물처럼 무감각하다. 빵에 들어 있는 건포도는 고갱의 타히티에서 자란 것이지만 빵을 든 나에게서 예술은 너무나 멀리 있다. 빵은 '달콤한 일'이고 '일용할 양식'이며 '저녁의 종교'이다. "내 빵이 다 사라지기 전에 우울해지기 전에" 상상은 끝나야 한다. 이 시의 화자는 회의론자가 되거나 염세주의자가 되기 전에 허기진 배를 채웠으면 하고 바란다. 그는 허기를 끝냈으면 한다. 허기는 이중적인 의미를 지닌다. 「달콤한 일」은 빵으로 채울 수 없는 삶의 허기를 과제로 남겨놓기 때문이다.

황은주의 시는 건조한 문체로 우리 시대의 가치 절하된 노동의 의미를 탐색한다. 노동은 삶을 고양시키기는커녕 위험에 빠트리고 자유로운 상상을 가로막는다. 노동을 통해 자아실현을 하고 행복을 추구하는 일상은 찾아보기 어렵다. 황은주 시가 주목하는 이러한 상황은 각자도생에 내몰린 한국 사회에서 이제 평범한 일상이 되어가고 있다. 이반 데니소비치의 수용소의 하루를 읽으며 "나의 하루는 둘 중 하나/유배지거나 은둔이거나//불분명하다"고 말하는 「오래된 잠 1」의 화자도 마찬가지이다. 집을 찾고 있지만 그에게 있는 것은 작은 방이다. 기차를 타는 그를 아무도 배웅해 주지 않는다. 그러나 '나'는 창을 향해 손 흔드는 아이가 있었으면 좋겠고 그를 향해 손을 흔들어주고 싶다고 말한다. 오래된 은둔에서 그를 구출할 수 있을까. 이 시의 질문은 소박하지만 중요하다. 자신의 삶을 유배지이거나 은둔이라고 말하는 이에게 "가장 먼 하늘이 보였으면" 하는 바람은 이뤄질 수 있을 것인가.

  황은주의 시가 그리는 삶의 현장에서 인간은 노동의 보람도 자유로운 상상력도 박탈당한 채 살아간다. 그의 시는 익숙한 관념과 언어의 바깥으로 나아가려고 하지만 현실이 허락하는 삶의 범위에서 그것은 쉽지 않은 모험이다. 콜라 색깔 하늘에서 소다수 하늘을 찾는 일은 그래서 어렵고 그 때문에 더 필요한 일이 된다. 갇혀 있다는 자각 없이 자유는 찾아오지 않는다. 황은주의 시가 소외와 고립, 은둔의 현실을 파고드는 이유도 거기에 있다. 이러한 상황에서 그의 시는 다른 눈을 뜰 수밖에 없다.

겨울에 기차를 탄 나는
백안의 이민자
눈 안 가득 회백색 분칠을 한다
오랫동안 눈 덮인 국경을 서성이던 사람들로
나의 풍경을 빼곡히 채울 것이다

                                            — 「페이스」 부분

이번 시집에서 시적 화자는 집을 찾아가고 자주 이사를 간다. 다른 길을 찾으려는 모험에서 이동은 불가피하다. 기존의 정체성을 버리고 '백안의 이민자'가 된 '나'는 오랫동안 눈 덮인 국경을 서성이던 사람들로 '나의 풍경'을 빼곡히 채우겠다고 말한다. '나'는 특정한 기준이나 고정관념, 상식이나 도덕에 구속되지 않은 채 모든 것을 받아들이기로 한다. 어떤 경계도 내세우지 않고 모든 사람들과 어울릴 수 있는 자유를 누리는 백안의 이민자는 황은주 시의 시적 태도를 대변한다. 그의 화자는 자유와 구속이 얼마나 가까이 맞붙어 있는지를 알려주었다. 그는 "쉽게 허물어지고 쉽게 달아날 수 있다면 무서움도 무거움도 없을" 테지만 "마음이 키운 모래는 늘 발에 밟히고 눈을" 찌를 수 있다는 것을 알고 있다. "흔적 없이 사라지는 모래라고 말했는데 왜 지구에서 사막은 넓어지는 걸까"(「사막은 늘어난다」). 모래는 어떤 형체도 없지만 인간은 자신의 눈을 찌르게 하는 모래사막을 만들 수도 있는 나약한 존재이다. 새로운 눈은 마음이 아무런 구속 없이 있는 그대로 대상을 바라볼 수 있게 한다. 그렇게 되면 삶은 백안의 이민자처럼 자유로워질 것이다.

쌓이고 쌓이는 눈 호텔의 밤 풍경 소리가 없다 길은 묻힌다 이곳에 오랫동안 머무를지도 모르겠다 흥미롭다 세상이 눈에 덮이고 몇

만 년 동안 잠을 자고 긴 잠에서 깨어나 어제의 집으로 돌아간다는
것 그래도 가야지 어제의 집으로 눈을 쓸며 눈을 베고 누우며 눈에
찔리며 가야지 시를 쓰고 시를 베고 시에 찔리며 어제의 집으로 그
제의 집으로 가는 길에 운명론자가 되거나 미래주의자가 되거나 고
립되거나 뒤척이거나 어쩌면 고립이 너무나 설레어 잠들기가 아깝
고 그래서 뜬눈으로 밤을 새우는 노쇠한 시인이 될지도 모르겠다
그래도 가야지 어제의 집으로

─「설리3」전문

눈 쌓인 풍경 속에 길은 묻혀 있다. 이방인이라는 자기 인
식은 이제 어디로 향하는 걸까. 이곳에 오랫동안 머무를지도
모른다는 예감도 잠시, 화자는 긴 잠에서 깨어난 사람처럼 돌
아가기를 꿈꾼다. 몇만 년 동안 잠을 자고 깨어난 것이니 세
상은 낯설고 신비로울 것이다. 어제의 집으로 가겠다는 화자
는 과거로 회귀하는 것이 아니다. 그는 "눈을 베고 누우며 눈
에 찔리며" 그 길을 가겠다고 말한다. 그것은 "시를 쓰고 시
를 베고 시에 찔리며" 가는 것이다. 오랫동안 잠들었던 자가
깨어나 예민한 감각으로, 새로운 경험으로 보고 쓰겠다는 결
의가 이 시의 중심에 있다. 그는 운명론자가 될 수도 있고 미
래주의자가 될 수도 있다. 자유와 구속처럼 그런 말들은 종이
한 장 차이에 불과한 것인지 모른다. 고립되거나 뒤척일 수

도 있지만 그는 오랫동안 잠들었다가 깨어난 자이다. 고립조차 너무 설레어 잠들 수 없는 뒤척임이 될지도 모른다. 그것을 고립이라 부르든 뒤척임이라 부르든 아무 상관이 없다. 그렇게 뜬눈으로 밤을 새우는 노쇠한 시인이 될지라도 그가 긴 잠에 빠지지 않고 깨어 있는 유일한 사람이라는 사실은 변하지 않을 것이다.

시인은 예민한 감각을 잃어버리지 않고 기꺼이 시를 쓰고 시를 베고 시에 찔리며 가는 길을 자신의 운명으로 수락한 사람이다. 그런 의미에서 그는 운명론자이다. 그가 돌아가려는 어제의 집은 과거의 시간이다. 그러나 그는 과거를 반복하는 것이 아니라 관성에서 벗어나 새로운 오늘과 내일의 희망을 만들 수 있다. 그 의지가 그를 미래주의자로 만든다. 그것조차 정해진 길은 아니다. 「설리 3」은 이번 시집의 마지막 작품이지만 시인은 새로 시작하는 길 앞에 서 있는 듯하다. 시인에게는 늘 설레는 시작만 있다는 듯 그의 어조는 담담하고 의연하다.

소다수 하늘의 자유가 푸른 이유는 구속과 순응, 관념을 넘어가려는 사유의 모험이 있어서다. 눈 쌓인 풍경 속에 길이 묻혀 있다는 마지막 시의 문장은 새롭다. 낯설게 하기는 정해진 길을 가지 않는다. 삶은 자동화된 관습에 물들기 쉽지만 시는 지도가 없는 길이다. 지루한 정답으로 가지 않고 끼워 맞추는 사유에서 벗어나는 길을 "그래도 가야지"라고 말하는 시가 있어 다행이다. 황은주의 시는 오랜 잠에서 깨어난 사람처럼 다시 시작하려 한다. "시를 쓰고 시를 베고 시에 찔리며" 가는 그런 길. 타성에 젖지 않고 감각을 일깨우는 시는 소다수 하늘 한 모금처럼 귀하다. 시의 자유가 우리의 삶도 그렇게 만들 수 있다고 믿기 때문이다. 없는 길을 만들며 나아가는 황은주의 시가 더 넓고 푸른 하늘을 만나길 바란다.